DES DERNIERS EXCÈS

DE

LA CENSURE

EN FAVEUR

DES JÉSUITES,

PAR

M. COTTU,

CONSEILLER A LA COUR ROYALE DE PARIS.

2.ᵉ ÉDITION.

PARIS

AMBROISE DUPONT ET Cⁱᵉ, ÉDITEURS

DE L'HISTOIRE DE NAPOLÉON, PAR M. DE NORVINS,

RUE VIVIENNE, N. 16.

1827

Imprimerie de J. Tastu,

DES
DERNIERS EXCÈS

DE

LA CENSURE.

DES
DERNIERS EXCÈS

DE

LA CENSURE

EN FAVEUR

DES JÉSUITES,

PAR M. COTTU,

CONSEILLER A LA COUR ROYALE DE PARIS.

2ᵉ ÉDITION.

PARIS

AMBROISE DUPONT ET Cⁱᵉ, ÉDITEURS

DE L'HISTOIRE DE NAPOLÉON, PAR M. DE NORVINS,

RUE VIVIENNE, Nº 16.

1827

DES DERNIERS
EXCÈS DE LA CENSURE
EN FAVEUR DES JÉSUITES.

Un ministère déchu de la confiance publique par l'impudeur avec laquelle il renia ses doctrines dès qu'il fut parvenu au pouvoir, n'a plus d'autre ressource contre la droiture de ses accusateurs, que de la rendre douteuse aux yeux de la nation pour en affaiblir la puissance. Honteux devant la loyauté, comme un apostat en présence des autels qu'il a souillés, il en est tristement réduit à persuader au peuple qu'il n'existe de bonne foi nulle part; que tout n'est qu'ambition, vengeance, basse jalousie; et que parmi ses adversaires, il ne s'en trouve pas un seul qui ne soit prêt à fouler aux pieds comme lui, et ses principes et ses sermens, aussitôt que son intérêt sera en opposition avec sa conscience.

C'est par suite de ce système de diffamation et de mensonge, que moi, modeste citoyen, et qui devais me croire en dehors des haines du ministère, n'étant connu de lui que par quelques cris jetés au milieu de l'indignation générale, je me suis vu cependant attaqué dans mon honneur et dans mon caractère politique, par ceux de leurs agens qu'ils ont plus particulièrement chargés de tromper la nation.

Un voyage, que des affaires importantes m'ont obligé de faire dans le midi de la France, et pendant lequel je n'ai pu éviter de me trouver en rapport avec MM. les jésuites qui dirigent le petit séminaire de Bordeaux, a été l'occasion que les ministres ont jugée favorable pour répandre sur moi le reproche de versatilité dans mes opinions politiques, afin d'affaiblir l'effet que pouvaient avoir produit les motifs que j'ai cherché à faire valoir contre le rétablissement des jésuites.

Instruit à mon retour à Paris des manœuvres que l'on avait dirigées contre moi pendant mon absence, et dont *la Quotidienne* s'était rendue l'instrument par l'insertion d'un article, en date du 30 septembre dernier, dans lequel plusieurs faits avaient été méchamment altérés, je m'empressai de profiter de la disposition de l'article 11 de la loi du 25 mars 1822, et d'adresser à M. le rédacteur de ce journal, une lettre détaillée, dans laquelle je répondais à la fois aux faits contenus dans l'article de *la Quotidienne*, et à ceux qui étaient contenus dans un article *du Précurseur de Lyon*, en date du 6 du même mois.

Ces deux articles étaient ainsi conçus :

Extrait du Précurseur *, journal constitutionnel de Lyon, du 6 septembre* 1827.

On nous écrit de Bordeaux :

« Vous savez avec quel zèle M. Cottu, conseiller à la Cour royale de Paris, a attaqué les jésuites ; vous savez que dans une de ses dernières brochures il est allé jusqu'à demander la mise en accusation des ministres, et que le grand grief qu'il fait valoir contre eux, c'est l'inexécution des lois rendues autrefois contre l'ordre de saint Ignace. Eh bien ! qui le croirait ? M. Cottu a payé son tribut à l'engouement étrange des pères de famille pour les jé-suites. M. Cottu a un fils, et il n'a pas cru pouvoir confier l'éducation de cet enfant en de meilleures mains qu'en celles des révérends Pères ; c'est à leur collége de Bordeaux que M. Cottu le fils a été placé. Bien plus, M. Cottu père n'a pas craint de faire cent cinquante lieues pour venir assister à la distribution solennelle des prix, et bientôt distingué dans la foule des assistans, les bons Pères qui ne sont pas rancuniers, se sont empressés de le faire placer comme il convenait. Un d'eux a présenté la main à M. Cottu, et celui-ci saisissant ce gage de réconciliation, est venu occuper un des fauteuils destinés aux personnes de marque. Il est fâcheux qu'il n'y ait pas eu de procession après la distribution des prix ; nul doute que M. Cottu n'eût accepté un des glands du dais à l'exemple de M. Dupin. L'habile avocat, dans sa justification au *Constitutionnel*, observa que le Saint-Sacrement chez les jésuites méritait autant de vénération qu'ailleurs, et il avait raison. M. Cottu dira aussi sans doute que l'enseignement des bons Pères vaut autant que celui de beaucoup d'autres, et que puisque les ministres font la sottise de souffrir en France les jésuites, il faut en profiter aussi bien que personne ; à tout cela il n'y a rien à dire. Nous concevons très-bien qu'un père de famille libéral veuille faire donner à son fils une éducation chrétienne, et qu'il ne trouve nulle part de meilleure garantie pour cela que dans les corporations religieuses : mais il faudrait un peu de reconnaissance, et ne pas décrier les instituteurs de ses propres enfans. M. Cottu est trop conséquent pour ne pas le comprendre, et nous espérons qu'il cherchera dorénavant un autre grief pour motiver son projet contre les ministres ; car il pourrait être lui-même enveloppé dans l'accusation, les premiers fauteurs des jésuites étant sans contredit les pères qui les paient pour élever leurs enfans [1]. »

Extrait de la Quotidienne *du* 30 *septembre* 1827.

« On lit dans une lettre de Bordeaux :

« Toutes les personnes qui ont eu le plaisir d'approcher M. Cottu, conseiller à la Cour royale de Paris,

---

[1] Telle est l'ardeur que les jésuites ont mise à répandre ces imputations contre moi, qu'ils ont fait traduire en espagnol cet article

pendant son séjour dans nos murs, n'ont eu qu'à se louer
de l'aisance de ses manières et de la délicatesse de ses
procédés. On sait qu'il a placé son fils dans la maison
tenue en cette ville par les R. R. P. P. jésuites ; il a
rendu la justice la plus éclatante à la bonne direction

du *Précurseur*, comme tiré de la *Gazette de Lyon* sous la ru-
brique de Paris en date du 21 septembre dernier, et qu'ils l'ont
fait insérer le 19 novembre dernier dans le *Diario de Tarragona*,
d'où il l'aura sans doute été dans les autres journaux espagnols :
« Escriben de Burdeos lo que sigue : Sabeis bien con qué ardor
» ha atacado á los jesuitas el consejero de la corte Real de Paris
» M. Cottu. No ignorais que en uno de sus últimos folletos llegó
» hasta pedir que se formase causa á los Ministros y que el gran
» tuerto que hacía valer contra ellos era la falta de cumplimiento
» á las leyes establecidas contra el órden de San Ignacio. Pues bien:
» ¿quién lo creeria ? M. Cottu ha pagado ya tributo á la extraña in-
» fatuacion de los padres de familia por los jesuitas. M. Cottu tiene
» un hijo, y ha creido que no podia poner su educacion en mejores
» manos que en las de estos padres, y á este fin ha puesto su hijo
» en el colegio que tienen en esta ciudad. Mas aun: M. Cottu no
» ha tenido reparo en andar 150 leguas para asistir á la distribucion
» solemne de los premios; y tan luego como fue conocido entre el
» inmenso concurso, los buenos padres, que no son por cierto nada
» rencorosos, se han apresurado para hacerle colocar como era con-
» veniente. Uno de ellos ha dado la mano á M. Cottu, y este admi-
» rando esta señal de amistad, ha ocupado uno de los sillones des-
» tinados á las personas de distincion. Es sensible que no haya ha-
» bido una procesion despues de la distribucion de premios. Nadie
» duda que M. Cottu hubiera aceptado una de las borlas del palio,
» á ejemplo de M. Dupin.
» Este hábil abogado en su justificacion sobre este hecho dirigido
» al *Constitutional*, observa que el Santísimo Sacramento entre
» los jesuitas merece mas veneracion que en las otras partes, y te-

de leur enseignement. Nous avons vu ce magistrat assister aux exercices qui ont précédé la distribution des
prix ; il était présent à cette solennité littéraire, et plusieurs lauréats ont été couronnés de sa main. Il a interrogé un grand nombre d'élèves ; la nature , la méthode
et la clarté de ses questions ont prouvé à la fois et la
variété de ses connaissances , et la facilité avec laquelle
il se rappelle les élémens de ses premiers travaux classiques. Après avoir visité dans ses moindres détails la maison des R. R. P. P., M. Cottu leur a assuré qu'il esti-
mait et vénérait les jésuites , et que ce n'était qu'en sa
qualité de magistrat qu'il avait cru devoir réclamer
l'exécution des arrêts rendus contre la Société. Du reste,
M. Cottu et les révérends pères se sont quittés en se don-

» nia razon. Asi tambien M. Cottu dirá que la enseñanza de estos
» buenos padres vale mas que la de muchos otros, y que ya que
» los Ministros hacen el disparate de consentirlos en Francia, puede
» él aprovecharse de ellos del mismo modo que cualquiera otro ; á
» todo esto no tenemos nada que decir. Nos parece muy bien que
» un padre de familia liberal quiera dirigir á sus hijos sobre una
» educacion cristiana, y que no encuentra para conseguir sus de-
» signios otra parte que los garantice mejor que las corporaciones
» religiosas ; pero nos parece tambien que era justo ser un poco mas
» reconocidos, y no desacreditar á los instructores de sus propios
» hijos. M. Cottu es demasiado consecuente para no comprehender
» esto, y por tanto esperamos que en adelante buscará otro contra-
» fuero para motivar su proyecto contra los Ministros : porque po-
» dria suceder en otro caso que él mismo fuese envuelto en la acu-
» sacion, pues sin contradiccion es claro que los principales fauto-
» res de los jesuitas, son los padres que los pagan para que enseñen
» á sus hijos. » (*Gazette de Lyon.*)

nant des marques mutuelles d'estime , de respect et de
reconnaissance; le premier a poussé l'obligeance jusqu'à
prier de descendre chez lui ceux de ces religieux qui
viendraient visiter la capitale. »

Note explicative , adressée à la Quotidienne , *le 18 octobre* [1].

M. Cottu , conseiller à la Cour royale de Paris, nous
adresse la lettre et la note suivante :

AU RÉDACTEUR.

Paris, 18 octobre 1827.

Monsieur,

Je vous serai obligé de vouloir bien insérer dans un de
vos plus prochains numéros, la note explicative ci-jointe,
qui a pour objet de rectifier quelques faits qui me sont
personnels, et qui ont été inexactement présentés dans
un journal de Lyon, du 6 septembre dernier, et dans le
numéro de *la Quotidienne ,* du 30 du même mois.
J'ai l'honneur d'être, etc.　　　　　COTTU.

« Il est toujours pénible de se voir forcé d'entretenir

---

[1] Cette note est peut-être un peu longue, mais que l'on veuille
bien observer que j'avais à expliquer un fait, vrai en lui-même, et
qui pouvait paraître en contradiction avec mes principes. Il était
donc nécessaire que j'entrasse dans tous les détails qui pouvaient
l'éclaircir.

le public des circonstances de sa vie privée; mais comment un magistrat peut-il se soustraire à cette obligation, quand il y va de l'honneur de son caractère et de la solidité de ses principes religieux et politiques?

» Telle est la fâcheuse situation dans laquelle je me trouve placé par suite des erreurs de fait contenues dans un article d'un journal de Lyon, du 6 septembre dernier, et dans un article de *la Quotidienne* du 30 du même mois, dont je viens d'avoir connaissance à mon retour à Paris.

» J'ai un fils qui a fait ses premières études au petit collége de Sainte-Barbe, et que des considérations d'un haut intérêt m'ont engagé à éloigner de Paris à l'époque de mon mariage. Comme je le destinais à la marine, je crus devoir lui faire continuer ses études dans une de nos villes maritimes, et je l'envoyai à Bordeaux, où ma femme avait une amie intime, aussi distinguée par les qualités du cœur que par son éminente piété, et à laquelle nous le recommandâmes. Nous fûmes assez heureux pour que l'enfant inspirât à cette dame une vive affection, une véritable affection de mère, que nous crûmes ne pouvoir mieux reconnaître qu'en lui abandonnant toute autorité sur l'enfant, et lui laissant entièrement le soin de diriger son éducation. Il fut d'abord placé par elle dans une pension élémentaire dont il parcourut tous les différens degrés d'instruction. Il fallut songer ensuite à lui choisir un collége pour y faire ses hautes classes; et, comme notre amie mettait au premier rang des avantages d'une bonne éducation la solidité des principes religieux, elle se persuada que ceux de l'enfant ne pouvaient être cultivés nulle part avec plus de fruit que dans une maison dirigée par des ecclésiastiques ; en conséquence elle le plaça au petit séminaire de Bordeaux. C'était à une époque où l'établissement des jésuites en France n'était encore connu de personne, et où les ecclésiastiques engagés dans cette Société n'avaient point jugé à propos d'avouer publiquement les liens qui les y attachaient. Je crus donc que le petit séminaire était sous la direction de prêtres séculiers, délégués à cet effet par M. l'archevêque de Bordeaux. Ce ne fut que long-temps après que j'appris par la notoriété publique, ensuite par les tergiversations du gouvernement, et enfin par les aveux positifs de M. l'évêque d'Hermopolis, que les jésuites étaient parvenus à établir en France plusieurs maisons d'éducation, et qu'au nombre de ces maisons se trouvait le petit séminaire de Bordeaux. J'éprouvai alors quelque regret que mon fils y eût été placé, mais je crus en même temps que je ne pouvais l'en retirer sans manquer essentiellement à la personne qui s'était chargée avec tant de bonté de son éducation.

» Je laissai donc mon fils au petit séminaire, mais sans avoir jamais entretenu aucune correspondance, ni aucune relation quelconque avec les directeurs de cet établissement. Lorsque l'enfant eut atteint sa dix-septième année, et que l'année scolaire fut sur le point d'expirer, je m'empressai de le faire inscrire sur les rôles de la marine militaire, et je partis pour Bordeaux, afin de le disposer à embrasser l'état que je lui avais choisi. J'arrivai dans cette ville au moment de la distribution des prix, et, en ma qualité de parent, je fus invité à y assister. Les directeurs du séminaire s'attachèrent à me témoigner qu'ils n'éprouvaient aucun ressentiment de ce que ma conscience m'avait dicté contre le danger du rétablissement de leur Ordre ; et, pour me donner une preuve de leur estime, ils m'engagèrent à prendre une part active aux exercices publics que les élèves devaient subir, ce dont j'eus soin de m'abstenir absolument, ne voulant pas sortir du simple rôle d'un parent.

» Je me vois donc forcé de remercier *la Quotidienne* et la *Gazette de Lyon* de l'obligeante supposition qu'elles ont bien voulu faire, que si j'avais en effet interrogé les élèves, *la nature, la méthode et la clarté de mes questions auraient prouvé à la fois et la variété de mes connaissances, et la facilité avec laquelle je me rappelle les élémens de mes premiers travaux classiques.*

» Dans les divers entretiens que j'ai eu occasion d'avoir avec les jésuites qui dirigent le petit séminaire, je ne leur ai pas dissimulé que je croyais que le gouvernement avait manqué à l'un de ses devoirs les plus importans, en tolérant leur rentrée en France ; et sur ce qu'ils me demandèrent comment, étant dans ces sentimens, j'avais pu me résoudre à placer mon fils dans une de leurs maisons, j'eus la franchise de leur avouer que c'était sans ma participation que le fait avait eu lieu, et que je n'avais consenti à laisser l'enfant dans leur collége, que par égard pour l'amie respectable qui l'y avait placé, et dans l'espérance de conserver toujours assez d'empire sur mon fils, pour effacer de son esprit celles de leurs doctrines que j'aurais jugées contraires à ses devoirs envers son prince et son pays.

» Quel fut donc mon étonnement, lorsqu'à mon passage à Toulon où je m'étais rendu pour solliciter, en faveur de mon fils, la bienveillance de l'amiral Jacob, je lus dans un journal de Lyon, rédigé sans doute sous l'influence des jésuites, *que j'avais payé mon tribut à l'engouement étrange des pères de famille pour les jé-*

suites, et que je n'avais pas cru pouvoir confier l'éducation de mon fils en de meilleures mains qu'en celles des révérends pères. La publicité de ce fait me parut d'autant plus extraordinaire, que le professeur du petit séminaire de Bordeaux, auquel j'avais expliqué moi-même les circonstances dans lesquelles mon fils était entré dans cette maison, était en ce moment même à Lyon, et que je ne pouvais concevoir comment l'article ne lui aurait pas été communiqué. Que les jésuites profitent de toutes les occasions qui leur paraissent favorables pour persuader au public l'utilité de leur Société, je le conçois aisément ; mais je n'aurais jamais imaginé que, pour y réussir, ils pussent défigurer à ce point les faits dont ils ont la connaissance la plus positive.

» Je ne crus cependant pas devoir répondre à l'article du journal de Lyon, tant j'ai de répugnance à entretenir le public de mes affaires personnelles (ce que je fais aujourd'hui pour la première fois), et peut-être aurais-je gardé le même silence à l'égard de l'article de *la Quotidienne*, si mes amis, et quelques-uns même de mes collègues, ne m'avaient engagé à rectifier les faits qui y ont donné lieu.

» Je regrette bien vivement d'avoir si long-temps occupé le public de toutes ces misères, et bien plus encore de me voir forcé de me plaindre d'hommes revêtus d'un caractère respectable, et dont je ne croyais pas qu'on dût attendre de pareils procédés. Habitué, comme je le suis, à la diversité des opinions, je trouvais aussi naturel qu'ils cherchassent à faire triompher leurs doctrines, que je trouvais nécessaire d'en démontrer le danger ; mais j'espérais qu'ils mettraient, dans la discussion, la même bonne foi que j'étais disposé à y apporter moi-même , et je n'aurais jamais pu croire qu'ils fussent capables de descendre à des moyens que je ne puis encore me décider à qualifier.

» J'aime toujours à me persuader que MM. du collége de Bordeaux n'ont pas de pareils reproches à se faire, et qu'ils sont étrangers à la rédaction des articles de *la Quotidienne* et du journal de Lyon [1]. Ils savaient de moi-même que mon fils avait été placé chez eux par une autre personne que moi ; je ne leur avais pas dissimulé combien je croyais leurs maximes incompatibles avec les principes de notre nouveau gouvernement ; j'avais même eu l'indiscrétion, ou, si l'on veut, l'impolitesse , de leur déclarer à eux-mêmes, et dans leur propre maison, que si j'avais la moindre influence dans le gouvernement, je m'empresserais de faire fermer leurs colléges, et d'exécuter, dans toute leur rigueur, les arrêts qui ont été rendus contre eux. Il est donc impossible qu'ils aient pu me présenter au public comme m'étant converti à leurs doctrines.

» Si , dans cette supposition, je n'ai plus à répondre qu'à MM. les rédacteurs du journal de Lyon et de *la Quotidienne*, je me contenterai de leur dire qu'ils se sont trompés sur les faits qu'ils ont rapportés, et que ces faits sont tels que je viens de les exposer plus haut.

» COTTU. »

Pour donner à ma réponse encore plus de

[1] Depuis que cette lettre est écrite , MM. les jésuites du petit séminaire de Bordeaux m'ont fait assurer qu'ils étaient tout-à-fait étrangers aux articles des journaux de Lyon.

publicité, je l'adressai aussi au *Journal des Débats*, et je priai en même temps MM. les rédacteurs du *Courrier Français* et du *Constitutionnel*, de l'insérer dans leur feuille le lendemain du jour où elle paraîtrait dans *la Quotidienne*.

M. le rédacteur du *Journal des Débats* eut l'extrême obligeance de faire imprimer ma lettre dans son numéro du lendemain, mais elle fut refusée à la Censure, sous le prétexte que l'article dont j'avais à me plaindre, n'ayant pas été inséré dans *le Journal des Débats*, je n'avais pas le droit d'exiger de ce journal une réparation.

Quelque sévère que fût cette décision de la Censure, elle me laissait du moins l'espoir que ma lettre paraîtrait dans *la Quotidienne*. Mais les censeurs croyaient avoir à opposer à ce journal une fin de non-recevoir bien autrement tranchante. Elle consistait à prétendre que, n'ayant pas, eux censeurs, autorisé l'insertion, dans *la Quotidienne*, de l'article qui me concernait, ils n'étaient pas tenus d'y laisser insérer ma réponse.

Voici, en effet, ce qui s'était passé entre *la Quotidienne* et la Censure.

Le 29 septembre, jour où le numéro du 30 devait être imprimé, était l'anniversaire de la naissance de Monseigneur le duc de Bordeaux, et certes, un pareil jour, il était bien permis à MM. les censeurs *de rire à l'aise et prendre du bon temps*. Ils n'avaient donc parcouru que très-légèrement les épreuves des journaux, et entre autres celles de *la Quotidienne*, et ils avaient oublié de mettre leur *visa* sur la quatrième feuille de ce journal. Le soir, le rédacteur, avant de livrer ses feuilles à l'impression, s'aperçut de cette inadvertence, et se hâta de renvoyer sa quatrième feuille à M. Deliége, dont la sagesse dirige souverainement les destins de *la Quotidienne*. Or, il est bon de savoir que cette sagesse, si ferme et si brillante le matin, est sujette à s'obscurcir quelquefois vers le soir, et que, ce jour surtout, elle avait été totalement altérée par suite de la solennité de la fête et du royalisme bien connu de M. Deliége; de sorte que, sans examiner l'épreuve qui lui était renvoyée, il y apposa son paraphe. Mais comme il n'avait pas en sa possession l'instrument sacré de l'approbation de la Censure, il ne put orner la feuille du timbre de la commission. L'absence de cette for-

malité avait d'abord persuadé à MM. les censeurs qu'ils pouvaient considérer l'article où
j'avais été nommé, comme ayant été inséré
sans leur consentement; et je trouvai les choses
en cet état lorsque je me rendis auprès de
MM. les rédacteurs de *la Quotidienne*, pour
savoir ce qui avait pu les empêcher de faire
droit à ma réclamation.

Ce débat entre la Censure et *la Quotidienne*
m'étant tout-à-fait étranger, je signifiai à MM. les
rédacteurs que, faute par eux d'insérer ma lettre dans leur plus prochain numéro, je me verrais forcé de les assigner en réparation. Ils me
demandèrent un délai de quelques jours pour
s'entendre avec la Censure: j'y consentis, sous
la condition que le lundi suivant, ils me feraient savoir à la Cour d'assises, où je devais
me rendre directement de la campagne, la résolution définitive des censeurs; et, ce même
jour, ne trouvant pas au Palais la lettre qui
m'avait été promise, et qui, par mégarde, avait
été portée à ma demeure à Paris, je me décidai à commencer les hostilités. Mais avant d'entrer en campagne, je voulus me bien assurer
de la marche que j'avais à suivre, et je commençai par lire attentivement l'art. 11 de la loi

du 25 mars 1822 , qui fait la base de mon action [1].

J'y vis, à ma grande surprise, que la réponse du citoyen *nommé* ou *désigné* dans un article de journal, ne pouvait excéder le double de la longueur de cet article ; je me persuadai alors que c'était cette disposition qui avait motivé le silence de *la Quotidienne*, et qu'elle m'attendait de pied ferme, armée de sa fin de non-recevoir.

Je m'empressai donc d'écrire à *la Quotidienne* une nouvelle lettre bien exactement circonscrite dans la mesure de la loi, et je la lui signifiai par un exploit en bonne forme, en date du 22.

[1] ART. 11. Les propriétaires ou éditeurs de tout journal ou écrit périodique seront tenus d'y insérer, dans les trois jours de la réception , ou dans le plus prochain numéro, s'il n'en était pas publié avant l'expiration des trois jours, la réponse de toute personne nommée ou désignée dans le journal , ou écrit périodique, sous peine d'une amende de 50 francs à 500 francs, sans préjudice des autres peines et dommages et intérêts auxquels l'article incriminé pourrait donner lieu. Cette insertion sera gratuite, et la réponse pourra avoir le double de la longueur de l'article auquel elle sera faite.

Cette lettre était ainsi conçue :

Paris, 22 octobre 1827.

Monsieur,

J'ai eu l'honneur de vous adresser vendredi dernier une réponse à l'article que vous avez inséré dans votre numéro du 30 septembre dernier.

Vous avez refusé d'insérer cette réponse dans votre journal, sans doute parce qu'elle contenait *plus du double de la longueur de votre article,* limite tracée par la loi du 25 mars 1822.

Placé ainsi par la loi et votre mauvaise volonté dans une espèce d'étau, je vous dirai dans le moindre nombre de mots que je puisse employer, que les faits que vous avez insérés dans votre article *sont faux;* que ce n'est pas *moi* qui ai placé mon fils chez les jésuites de Bordeaux ; que je n'ai interrogé aucun élève le jour de la distribution des prix à laquelle j'ai assisté en ma simple qualité de parent, et que j'ai déclaré à **MM.** les directeurs du séminaire, que le gouvernement avait manqué à l'un de ses plus importans devoirs en autorisant la rentrée des jésuites en France et en n'exécutant pas dans toute leur rigueur les arrêts rendus contre eux.

Signé Cottu.

P. S. Je n'ose vous présenter mes salutations dans la crainte que vous ne les comptiez comme des lignes.

Le soir, en rentrant chez moi, je trouvai la réponse que MM. les rédacteurs m'avaient adressée la veille, et dans laquelle ils m'an—

nonçaient que la Censure avait enfin consenti à laisser insérer ma lettre du 18, mais avec des suppressions qu'ils me feraient connaître le lendemain.

Ces suppressions sont vraiment curieuses, et il est bon de les publier à son de trompe, pour prouver, *cartes sur table*, comme disait autrefois M. de Villèle, jusqu'où va la tendresse et le dévouement du ministère pour MM. de la Compagnie de Jésus.

La Censure exigeait que je supprimasse :

1ᶜ. *Que je n'avais pas dissimulé à MM. les jésuites de Bordeaux, que le gouvernement avait manqué à l'un de ses devoirs les plus importans en tolérant leur rentrée en France.*

2°. *Qu'il existait un journal à Lyon, rédigé sous l'influence des jésuites.*

3°. *Que j'avais eu l'indiscrétion, ou, si l'on veut, l'impolitesse de déclarer à MM. les jésuites eux-mêmes, et dans leur propre maison, que si j'avais la moindre influence dans le gouvernement, je m'empresserais de faire fermer leurs colléges, et d'exécuter dans toute leur rigueur les arrêts qui ont été rendus contre eux.*

En présence de ces suppressions, comment le ministère pourrait-il nier encore qu'au mépris des arrêts, des lois, de l'avis de la Chambre

des pairs et de la répugnance publique, il
persiste dans le dessein de rétablir les jésuites?
Eh! que prétend-il faire de cette milice turbu-
lente? Croit-il que les jésuites, une fois intro-
duits dans l'État, s'accommoderont d'un gouvernement où l'on ne peut rétablir *une feuille
des bénéfices*, et où le pouvoir d'un confesseur est
nul? Respecteront-ils la charte de Louis XVIII,
plus qu'ils n'ont respecté celle de don Pédro ?
Le principe de leur institution n'est-il pas l'o-
béissance passive? Peuvent-ils porter d'autres
maximes dans la société? L'établissement de
cette doctrine ne leur est-il pas même absolument nécessaire pour s'emparer du gouvernement? Si la plénitude de la puissance publique
n'est pas concentrée dans la personne d'un roi
qu'ils puissent subjuguer par leurs artifices,
quelle importance politique ont-ils jamais à
espérer?

Le ministère sait tout cela aussi bien que
nous; mais tel est pour lui l'attrait du pouvoir, qu'il préfère encore gouverner sous les
jésuites, et leur vendre à ce prix les libertés
de la France, que de combattre vaillamment
ces ennemis de nos lois, et de s'exposer à
périr dans une lutte honorable.

Revenons à la Censure : ces projets du

ministère nous y ramènent naturellement.

On conçoit bien que je rejetai son humiliante transaction , et dès-lors il ne fut plus question entre MM. les rédacteurs de la *Quotidienne* et moi , que de régler le point que nous aurions à soumettre à la décision de la justice ; c'est-à-dire de nous accorder sur celle de mes deux lettres du 22 ou du 18 , dont je devrais poursuivre l'insertion.

M. Michaud pouvait exiger que je réduisisse ma demande à l'insertion de ma lettre du 22 , la seule qui fût matériellement conforme aux dispositions de la loi ; mais je dois lui rendre la justice qu'il n'hésita pas à renoncer à l'exception qu'il pouvait tirer contre moi de l'étendue de ma lettre du 18.

Les tribunaux vont donc avoir à juger les deux questions suivantes : questions si importantes pour l'honneur des citoyens , dans un temps où le ministère s'est rendu le maître du mode de publication le plus propre à repousser la calomnie !

PRÉMIÈRE QUESTION ENTRE LA QUOTIDIENNE ET MOI.

Le rédacteur d'un journal, qui s'est permis d'insérer un article dont un citoyen se trouve

offensé, et qui, de fait, n'insère pas la réponse,
lorsqu'il en est dûment requis, peut-il se soustraire à l'action en dommages et intérêts au-
torisée contre lui aux termes de l'article 11 de
la loi du 25 mars 1822, par le motif que la
Censure l'empêche d'insérer la réponse ?

DEUXIÈME QUESTION ENTRE LA QUOTIDIENNE ET LA CENSURE.

La Censure, qui a permis l'insertion dans
un journal d'un article dont un citoyen se
trouve offensé, peut-elle se refuser à l'insertion de la réponse, et, dans ce cas, n'est-elle
pas passible des dommages et intérêts obtenus
contre le journal par le citoyen offensé ?

Sans donner à l'examen de ces deux questions un développement qui serait déplacé
ailleurs qu'à l'audience, il suffira de faire re-
marquer, à l'égard de la première question,
que, lorsqu'un journaliste insère un article
dans lequel il appelle l'attention publique
sur certains faits particuliers qu'il attribue à un
citoyen, il ne lui est pas permis d'ignorer
que ce citoyen peut avoir quelqu'intérêt à
expliquer ou à rectifier ces faits. Ce journaliste doit savoir encore que, lorsqu'il se
permet une pareille publication sous l'empire

de la Censure, il s'expose à ce que la Censure, abusant de son pouvoir, empêche l'insertion de la réponse du citoyen offensé. C'est donc alors par l'imprudence et la légèreté du journaliste, que des faits se trouvent avoir été publiquement imputés à un citoyen, sans pouvoir être démentis par lui. Le journaliste lui doit donc nécessairement une réparation.

A l'égard de la seconde question, il est encore évident que, quelque étendu que puisse être le pouvoir de la Censure, une fois qu'elle a permis l'insertion d'un article auquel un citoyen a intérêt de répondre, elle a, par ce seul fait, renoncé au droit de refuser ou de modifier la réponse faite à cet article. S'il en était autrement, la Censure deviendrait l'arbitre souverain de toutes les réputations ; et, tandis que, dans l'intention du législateur, elle a été établie pour calmer, dans des temps d'orage, la trop grande effervescence des passions, elle deviendrait au contraire la source la plus féconde en ressentimens et en violences.

Qu'on juge par exemple ce que des ministres comme ceux qui pèsent aujourd'hui sur la France, pourraient faire de cette institution, si l'on devait lui reconnaître l'effet que la commission prétend lui attribuer. Initiés dans tous les mystères des jésuites ; instruits par eux à tout braver, tout avancer, tout nier, tout corrompre ; blessés chaque jour jusqu'au fond du cœur, par la rencontre de quelque sujet fidèle qui, comme un autre Mardochée, refuse de ployer le genou devant eux, avec quel empressement les ministres ne saisiraient-ils pas l'occasion de faire retomber sur leurs accusateurs, par une diffamation adroitement organisée, une partie de l'indignation qui les poursuit ! Les écrivains qu'ils soudoient recevraient bientôt l'ordre de faire disparaître *cette insolente race*, d'attaquer effrontément les réputations les mieux établies, de déverser d'indignes soupçons sur la foi, l'honneur, la fidélité des citoyens les plus estimables ; et ceux-ci, courbés sous le poids d'imputations odieuses, qu'il leur serait impossible de repousser, verraient la confiance publique se retirer d'eux chaque jour, et se trouveraient bientôt sur la même ligne que les agens du ministère.

Disons donc, en interprétant sainement l'esprit de la loi du 25 mars 1822, que, lorsque des censeurs ont permis qu'un citoyen fût *nommé* ou *désigné* dans un journal, la réponse de ce citoyen n'est plus de leur domaine. Elle rentre sous l'empire de la loi générale du pays, et n'est plus désormais soumise qu'à l'action du ministère public, dans le cas où elle renfermerait un crime ou un délit.

·Voilà de ces vérités qu'il suffit d'exposer pour les mettre à la portée de tout le monde; elles n'ont besoin d'aucun développement :.les énoncer, c'est les prouver.

Il n'est donc pas douteux que les tribunaux m'accorderont les dommages et intérêts auxquels j'ai incontestablement droit. Mais il peut y avoir plus de difficultés sur l'action en recours de *la Quotidienne* contre la Censure, en ce que la décision de la Censure, quelqu'injuste et odieuse qu'elle soit, pourra être considérée comme un acte administratif, et que, dans ce cas, il serait interdit aux tribunaux d'en prendre connaissance. Espérons toutefois que *la Quotidienne* recevrait alors le seul dédommagement qui pût lui être offert, et que les magistrats exprimeraient hautement leurs regrets de ne pouvoir faire retomber la condamnation sur le véritable auteur du délit.

Que parlez-vous, me dira-t-on peut-être, de dommages et intérêts? Sans doute, votre réclamation est juste : *la Quotidienne* doit réparer envers vous le tort qu'elle vous a fait, et la conduite de la Censure doit être surtout publiquement flétrie. Mais n'espérez pas obtenir justice. Il n'y a plus maintenant de justice en France que sous le bon plaisir des ministres. La France possède en vain un corps de magistrature aussi ferme qu'éclairé; ce bienfait est perdu pour elle. Un mot, un seul mot peut faire tomber des mains du juge son glaive et sa balance, et il n'est si mince préfet qui n'ait le droit d'enlever aux Cours royales la con-.naissance des affaires qui sont le plus évidemment dans le cercle de leur compétence.

Craignez donc de voir votre action arrêtée par un conflit, et de vous voir ensuite vous-même condamné par le conseil d'État, et jeté dans le journal officiel, avec cette inscription : *Laissez passer la justice des ministres.*

Eh! que m'importe ce nouvel acte de tyrannie? Je m'en réjouirai au contraire, en ce qu'il fournira au public une preuve de plus de l'épouvantable abus que l'on peut faire des conflits, et qu'il contribuera à lui faire sentir la nécessité de supprimer ce mode de procédure barbare, qui livre les citoyens, pieds et poings liés, à la merci du gouvernement.

Qu'est - ce en effet qu'un conflit? C'est un

doute élevé par un agent du gouvernement,
sur la question de savoir à qui, de l'autorité
judiciaire ou administrative, il appartient de
juger la contestation qui fait l'objet du conflit.
Or, puisque, dans un pareil état de chose, il
est de toute nécessité que la question de compétence soit jugée par l'une ou l'autre des deux
autorités entre lesquelles cette question s'agite,
n'est-il pas plus raisonnable, plus juste, plus
rassurant pour les justiciables, qu'elle le soit par
l'autorité judiciaire? Quand on irait jusqu'à sup-
poser contre toute raison, que les juges pourraient profiter de ce droit pour dépouiller in-
sensiblement l'autorité administrative de toute
sa juridiction, cet abus n'aurait-il pas encore
des conséquences moins funestes que si c'était
l'autorité administrative, c'est-à-dire le ministère, qui profitât de ce même droit pour dépouiller les tribunaux de leur autorité? En
principe général, toute justice appartient aux
tribunaux ordinaires, qui seuls peuvent offrir
aux citoyens une véritable garantie d'impartialité. Lors donc que, par une irrégularité quelconque, une affaire attribuée, sous des prétextes
plus ou moins plausibles, à des tribunaux d'exception, vient à être portée devant les juges
ordinaires, elle ne fait que rentrer dans la

source commune de toute véritable justice ;
tandis qu'au contraire, lorsqu'une affaire, attribuée aux juges ordinaires, est portée, par
erreur ou par tout autre motif, devant les tribunaux administratifs, il y a atteinte à la loi
fondamentale de tout bon gouvernement et
surtout de tout gouvernement libre. Une
juste crainte s'empare alors des esprits, et les
abus les plus crians n'ont plus de barrières qui
les arrêtent.

Je ne cesserai de le répéter : L'opinion publique est aujourd'hui trop éclairée pour sup-
porter plus long-temps la tyrannie des conflits. Si, par suite de la dépendance dans
laquelle s'est placée la majorité de la Chambre
des députés, on ne doit plus espérer d'elle la
réforme d'une procédure aussi contraire à la
morale et aux principes d'une saine liberté,
c'est aux Cours elles-mêmes à en faire justice à la France, et à se donner ainsi un
nouveau titre à la reconnaissance publique.

On connaît la honteuse origine des conflits.
Ils ont été établis en haine de la propriété et
de l'indépendance des tribunaux, auxquels les
législateurs de nos temps de discordes ont
craint de livrer les contestations relatives à la
vente des biens nationaux. Mais ces mêmes,

législateurs, tout disposés qu'ils étaient à sa-
crifier à leurs passions la justice et l'humanité,
n'auraient jamais osé cependant pousser l'in-
sulte envers la nation au point de se créer un
moyen d'arrêter, à leur volonté, le cours de
la justice ordinaire. Il était réservé à l'Empire
de trouver ce moyen dans une loi faite pour
un tout autre objet ; et il est déplorable que
sous un gouvernement qui devrait être, avant
tout, un gouvernement de modération et de
probité, on continue à soutenir de pareilles
prétentions.

Espérons que les Cours sauront enfin secouer
ce joug intolérable, et que l'on paraît résolu
d'appesantir de plus en plus sur elles. Les
droits politiques des Français sont placés sous
leur protection spéciale, et c'est à elles à veil-
ler à ce que, hors les cas prévus par la loi, ils ne
puissent pas être jugés par d'autres juges que
leurs juges naturels. Quand on élève un conflit devant elles, au lieu de se dessaisir purement et simplement, comme elles le font aujourd'hui, il faut qu'elles examinent avec soin
la question de compétence, et qu'elles aient la
fermeté de retenir l'affaire, si elles la croient
de leur ressort. Leurs arrêts seront cassés ?
Non, ils ne le seront pas ; et quand même

ils le seraient, elles n'en devraient pas moins persister dans leur jurisprudence. C'est un beau rôle que celui de combattre pour l'indépendance de la justice ; et une jurisprudence établie dans ce noble but, finirait par triompher des premiers scrupules de la Cour de cassation et de la résistance même des ministres.

Ces ministres d'ailleurs n'ont plus que quelques jours à vivre. Courbés sur les listes électorales, comme Calchas sur les entrailles des victimes, ils ont interrogé leurs longues colonnes, et y ont lu avec désespoir qu'ils étaient menacés d'une chute prochaine. Depuis longtemps, ils avaient fait dresser des copies de ces listes avec la désignation précise des électeurs inscrits d'office par les préfets, et de ceux qui avaient eu l'insolence de requérir leur inscription eux-mêmes. Ils avaient communiqué ces copies aux tendres confidens de toutes leurs tribulations, les imperturbables députés du centre, et les avaient engagés à leur déclarer avec sincérité le résultat probable des dispositions des électeurs. Les réponses, à ce qu'il paraît, ont jeté l'alarme à la Trésorerie, et l'on s'est résolu à un grand sacrifice. Le courageux auteur de la loi du sacrilége, et de celle qui devait détruire la liberté de la presse, l'ennemi le plus

obstiné de la Charte, l'homme historique du
ministère, M. le comte de Peyronnet, a été invité à céder à l'orage et à se réfugier dans la
Chambre des pairs. On lui a exposé tout à la
fois, et l'impossibilité de conserver la Chambre
actuelle qui, à la fin de la prochaine session,
ne manquerait pas de se dissoudre elle-même,
au milieu de la foudre et des éclairs, et l'impossibilité, non moins positive, d'obtenir la
majorité dans les élections prochaines, avec la
terreur de son nom.

Il était difficile à M. le garde-des-sceaux
de résister à l'évidence des faits et de lutter
contre la nécessité de sa retraite; mais il fallait obtenir le consentement de la Congrégation, qui voit depuis long-temps en lui son
disciple bien-aimé, celui dans lequel elle a
placé toutes ses complaisances.

Cette négociation paraissait plus délicate ;
mais il n'est sorte de proposition qui ne puisse
se hasarder auprès des jésuites : ce sont gens
habitués aux vicissitudes du sort, et qui savent
reculer avec adresse comme avancer avec audace. Ils ont donc parfaitement compris les em-
barras de M. de Villèle; ils ont vu qu'ils avaient
affaire à une génération tenace dont il ne
fallait pas heurter trop violemment les ré-

pugnances. En conséquence , il a été arrêté qu'on modifierait le ministère , pour adoucir l'irritation actuelle des électeurs ; mais , sous la condition solennelle , qu'après avoir obtenu une Chambre disposée à se laisser conduire , on rappellerait en triomphe le héros de la Congrégation, et que l'on commencerait sans délai le grand œuvre de la destruction de la Charte et du rétablissement des jésuites.

Tel est le plan sur lequel le ministère a fondé son dernier espoir , et dont il attend le succès , pour reprendre ses anciens projets contre la magistrature et la liberté de la presse. La réunion qui s'est opérée l'année dernière , avec tant d'éclat, de tout ce qu'il y a en France de talens , d'éloquence et de patriotisme , pour combattre ces derniers projets , les a fait heureusement avorter , en dépit de toutes les intrigues. Puissent la sagesse et la fermeté des électeurs renverser aussi ce nouveau complot ! Puissent-ils ne pas laisser refroidir la juste haine qu'ils portent au ministère , et éviter le piége grossier qui leur est préparé !

Témoin, dans mon dernier voyage, de cette haine générale contre les ministres , j'avoue qu'il m'est arrivé quelquefois de ne pouvoir m'en rendre raison. Que la masse des électeurs

nourrisse contre M. de Corbière un vif ressen—
timent des manœuvres de 1824; que les esprits
droits et sincères soient fatigués de la marche
tortueuse de M. de Villèle ; que , par ses ou-
trages envers la magistrature et sa morgue
envers les magistrats, M. de Peyronnet se soit
aliéné au plus haut degré tous les corps judi-
ciaires; qu'enfin le ministère tout entier, par
ce mélange bizarre d'audace et de faiblesse
qui constitue le caractère distinctif de son administration , ait inspiré un dégoût invincible
aux hautes classes de la société; le ministère
et les hommes qui le composent n'ont fait en
cela que recueillir ce qu'ils ont semé ; mais
qu'ont-ils fait aux classes inférieures, pour que
ce dégoût soit descendu jusqu'à elles? Le peuple a-t-il souffert de l'établissement des 3 pour
cent; du licenciement de la garde nationale ;
de l'abus des conflits ; des efforts faits pour
transporter au conseil d'Etat une partie du
pouvoir législatif; des manœuvres électorales,
et de tant d'autres actes arbitraires ? Est-il à
même de découvrir les routes souterraines par
où l'on cherche à introduire les jésuites au
cœur de l'Etat! Sait-il jusqu'où l'honneur
français a été compromis vis-à-vis de la Prusse
et de l'Autriche ! Sait-il seulement que nous

soutenons contre Alger la guerre la plus ri-
dicule ; et qu'après des déclarations dont l'extrême arrogance ne nous permet plus d'ac-
cepter aucune transaction , nous courons encore le risque, par la mollesse avec laquelle
cette guerre est conduite, d'être obligés, sous
peu de jours, de nous contenter des répara-
tions les plus illusoires ?

Le peuple ignore toutes ces choses ; mais,
heureusement pour la gloire et le bonheur de
la France, il sait tous les avantages qu'il a re-
cueillis de la liberté de la presse, et il a juré
une haine implacable à ceux qui se sont
efforcés de la détruire.

Oui, la France, si long-temps opprimée par
des abus auxquels nos enfans ne voudront pas
croire ; la France, d'où toute justice avait dis-
paru par les *lettres de répit*, les *lettres de sur-
séance*, les *committimus*, *les évocations*, et
tous ces mille subterfuges inventés par les gens
de cour pour se soustraire aux poursuites de
leurs légitimes créanciers ; la France, con-
damnée à l'arbitraire le plus intolérable, et aujourd'hui libre de tout autre joug que de celui
de la loi, jouissant de tous les droits qui peuvent assurer sa prospérité ; la France, dis—je,
est trop pénétrée des bienfaits de son gouver-

nement, pour se laisser enlever les moyens qui les lui ont procurés, et qui seuls peuvent les lui conserver.

La liberté de la presse sera toujours son droit le plus précieux; aussi n'a-t-elle reçu qu'avec le sentiment de la plus vive douleur l'ordonnance sur la censure.

A cette violation inattendue de la loi du pays, un cri général s'est élevé contre le ministère. Au sein des villes les plus populeuses et des campagnes les plus isolées, on n'entend plus qu'une même exhortation : celle de se bien concerter pour nommer des députés qui fassent justice au pays de cette administration déloyale. Chacun s'excite à résister avec courage aux menaces, et plus encore aux séductions de l'autorité; les agens même du gouvernement commencent à rougir de leurs chaînes; tout se meut, tout s'organise pour défendre la Charte, si effrontément menacée. L'exemple de l'Espagne est sous les yeux de tous les Français; il rajeunit nos anciens malheurs, notre ancienne honte, notre ancienne oppression; la plaie du despotisme est redevenue saignante; nous souffrons aux endroits où nos fers ont porté; nous voyons en frémissant ce qu'est une nation livrée à la domination des prêtres et à celle d'un roi absolu , et chez qui l'exil , la dévastation, la mort, tous les malheurs enfin qui peuvent accabler un peuple , sont devenus l'état ordinaire du pays. Nousmêmes, nous avons été livrés à toutes ces horreurs sous Charles VI, Louis XI, François Ier, François II, Charles IX, Henri III et la plus grande partie du règne de Henri IV. Suspendues un moment pendant le règne de Louis XIV, elles ont été remplacées par les humiliations et les turpitudes du règne de Louis XV.

Voilà l'état d'ignorance et de barbarie d'où nous nous sommes relevés, 'et où voudraient nous replacer encore quelques prêtres ambitieux. Guerre donc, guerre implacable à ces ennemis obstinés de la paix des peuples! Repoussons loin de nous ces sectaires astucieux qui, dans des vues purement humaines, veulent nous faire plus catholiques que nos pères , et nous prêchent une autre foi et une autre espèce d'obéissance. Serrons-nous autour du Roi, qui, quoi qu'en disent les ultramontains, possède, avec les Chambres, la plénitude du pouvoir temporel; aimons-le, parce que *le bien est dans son cœur* [1]; aimons-le pour l'in-

[1] Testament de Louis XVI.

térêt même de la liberté, dont son trône est le plus ferme appui; et, sans demander à la sagesse humaine une perfection qui lui a été refusée, sachons nous contenter de la somme de bonheur que nos institutions nous assurent. Jamais nos pères n'ont joui d'un sort aussi doux.

FIN

AMBROISE DUPONT ET COMP.ᴵᴱ, ÉDITEURS,
RUE VIVIENNE, Nº 16.

HISTOIRE

DE

NAPOLÉON,

PAR

M. DE NORVINS.

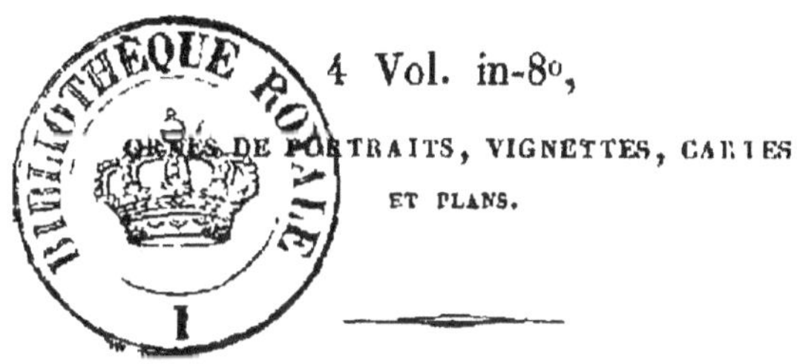

4 Vol. in-8º,

ORNÉS DE PORTRAITS, VIGNETTES, CARTES

ET PLANS.

Au moment où un grand talent, devenu tout à coup indigne de lui-même, vient de faire à la plus grande renommée du siècle un outrage qui rejaillit sans cesse sur la révolution et sur la France, nous sommes heureux de pouvoir opposer une véritable *Histoire de Napoléon* à la volumineuse et indigeste compilation de sir Walter Scott. Quel nom donner à cette étrange publication, tantôt semblable à un roman pour le fond et pour la forme, tantôt passionnée comme le factum d'une partie intéressée qui ne se ferait aucun scrupule de mentir au profit de sa cause? Accoutumé dans ses compositions originales à défigurer l'histoire par le mélange adultère du faux et du vrai, Walter Scott la profane ici avec scandale, tant son ouvrage atteste ou la profonde ignorance des choses les plus connues, ou l'étonnante infidélité des récits !

On ne peut adresser aucun de ces reproches à M. de Norvins, qui semble saisir un à-propos en nous offrant le fruit de ses veilles, *dans une Vie de Napoléon* écrite sous les seuls auspices de la vérité. Souvent placé de manière à voir de près la direction imprimée aux affaires, témoin des événemens, habitué de bonne heure à contempler l'homme extraordinaire qui les faisait naître, les dirigeait, ou luttait contre eux avec toute la force d'un caractère indomptable et d'un puissant génie, l'auteur était déjà plein de son sujet avant de l'aborder ; cependant il l'a étudié comme s'il ne l'eût pas connu. Dès sa première apparition, Napoléon a fixé sur lui toute l'attention de son futur historien. Non content d'interroger tous les écrits, toutes les publications du temps, M. de Norvins a recueilli une foule de documens nouveaux sur une époque où l'on disait avec autant de sens que d'esprit : « nous faisons du Tacite tous les jours » ; non content d'avoir pu saisir la physionomie de tant de personnages célèbres qu'il a vus en scène, et d'ajouter à leurs précieuses con-

fidences les aveux des étrangers désormais affran-
chis de toutes craintes, il n'a cessé de chercher à pé-
nétrer, à juger Napoléon. Aussi trouve-t-on dans
son ouvrage, outre la fidélité des souvenirs et l'exac-
titude des faits, la plus rare intelligence de la pen-
sée, du caractère, de la politique et de la situation
de Napoléon, dans lequel il distingue bien l'homme
et le gouvernant. Sous ce dernier rapport surtout,
M. de Norvins mérite une attention particulière : il
a compris, par exemple, que Napoléon, héritier de
la révolution française, *qui s'était faite homme en
lui*, et assumant sur sa tête toutes les responsabi-
lités de cette révolution vis-à-vis des étrangers, était
souvent la France, et ne faisait qu'un avec elle à
ses propres yeux et surtout dans l'opinion de ses
ennemis. Ainsi, c'est contre la France que la guerre
et la politique conjurées ensemble agissaient, en unis-
sant leurs efforts pour abattre celui qui voulait que
cette France, aussi enviée de nos jours que sous le
règne de Louis XIV, fût grande, riche et puissante.
De même, les ténèbres dont s'enveloppe la diplo-
matie n'ont point empêché l'auteur de mettre au
jour la longue perfidie des étrangers envers cette
même France, toujours confiante et généreuse, qui
fut tant de fois trompée sous ses anciens rois, comme
sous Napoléon assis sur leur trône. Naguère encore,
la prévention des écrivains prenait toujours parti pour
les princes de l'Europe contre Napoléon; l'étude assi-
due des faits comparés conduit l'auteur, non pas à
prendre parti pour Napoléon contre ses adversaires,

ce qui n'est pas d'un historien, mais à rétablir en sa faveur la vérité obscurcie par la passion, la politique et l'esprit de parti. Dans Walter Scott, au contraire, malgré toutes les révélations qui ont prouvé qu'aucun traité, qu'aucune paix avec Napoléon n'ont été sincères de la part des alliés; que le projet de le renverser n'a pas cessé un moment d'occuper les cabinets, Napoléon se trouve toujours sacrifié à la Prusse, à l'Allemagne et particulièrement à l'Angleterre. Walter Scott, qui ne se lasse pas d'accuser de violence et de déloyauté la politique de Napoléon, pousse la partialité au point de justifier jusqu'à l'incendie de Copenhague !

Rien ne peut surpasser l'ignorance des faits en Walter Scott, si ce n'est la fausseté de ses jugemens et son affreuse injustice, qu'il cherche quelquefois à déguiser par des accès de véracité sans conséquence. Qu'on lise dans son roman ce qui concerne notre intervention dans les affaires de la Suisse; le récit du projet de descente, qu'il ridiculise malgré les mortelles inquiétudes qu'il a données à M. Pitt et à l'Angleterre, saisie tout entière d'épouvante; l'exposé du blocus continental, qu'il traite d'extravagance, quoique cette mesure forte, et si voisine du succès définitif, ait mis son pays en péril d'être bouleversé par une révolution d'autant plus terrible, qu'elle serait sortie du désespoir d'un peuple sans pain et sans travail ! Qu'on regarde la campagne de Pologne, où il nous peint comme presque toujours battus, même à Friedland ; la guerre d'Espagne, sur laquelle on trouve chez

lui presque autant d'erreurs que de mots ; le tableau de
la retraite de Moscou, plein de faussetés matérielles
et de folles exagérations ; les mensonges avérés sur
la campagne de Portugal ; l'éloge des soldats anglais,
élevés au-dessus de tous les soldats du monde ; l'enthousiasme porté jusqu'au délire pour Wellington,
que son panégyriste place sur un piédestal dont Napoléon forme la base ; et l'on se convaincra que l'historien prétendu n'a mis aucun soin dans ses recher-
ches, aucune attention dans ses lectures, aucune
conscience dans son travail. Tout semble prouver
qu'indifférent pour la vérité, emporté par la nécessité
d'écrire à la hâte, dominé par sa passion, Walter
Scott a composé, au lieu d'une histoire, un manifeste
que l'on croirait destiné à défigurer Napoléon et à
calomnier la France, pour réjouir les mânes de Cast-
lereagh, qui lui a voulu tant de mal !

Il suffit d'ouvrir l'*Histoire de Napoléon* par M. de
Norvins, pour trouver dans la seule vérité le contre-
poison des erreurs que sir Walter Scott a voulu accré-
diter à l'abri de son nom. Cette réfutation imprévue
par l'écrivain français est d'autant plus victorieuse,
qu'elle s'appuie sur l'autorité des faits, et qu'elle est
souvent empruntée aux écrivains étrangers ou ennemis. Si les grandes choses que la France et Napoléon
ont faites ensemble inspirent le l'enthousiasme à M. de
Norvins, il n'écrit ni en admirateur exclusif du héros,
ni comme un Français qui ne voit au monde que sa
nation, mais en historien exact, judicieux et fidèle.
S'il saisit avec joie l'occasion d'honorer la France, il

ne refuse justice à aucun autre pays. Un dernier parallèle achèvera de fixer l'opinion des lecteurs sur l'esprit et l'impartialité des deux écrivains. Walter Scott, naturellement peu porté pour les principes libéraux, les adopte et les défend dans l'intention évidente de rabaisser en Napoléon le plus redoutable des ennemis de l'Angleterre ; M. de Norvins, en laissant à Napoléon ses proportions héroïques, défend contre lui les droits constitutionnels, et assigne pour cause à la chute du grand homme la fatale et coupable erreur de son divorce avec la liberté. Walter Scott s'applique avec une misérable complaisance à dégrader la majesté de la douleur dans Napoléon prisonnier de l'Angleterre et des rois vaincus, rétablis ou créés par lui; M. de Norvins, d'accord avec l'Europe, admire plus peut-être le captif de Sainte-Hélène, que l'empereur après la bataille d'Austerlitz ; Walter Scott épouse les intérêts du lâche et barbare geolier de Napoléon, M. de Norvins défend la cause de l'hôte du peuple anglais, et les droits sacrés du malheur ; l'un plaint le bourreau, l'autre a pitié de la victime.

Egalement éloigné de la prolixité des mémoires ou de la brièveté des précis, l'ouvrage de M. de Norvins, fruit de plusieurs années de méditations et de travail, comprend, dans un cadre d'une étendue convenable et proportionnée au sujet, *la Vie militaire, civile et politique de Napoléon*. On trouvera tout entière et tracée à grands traits, dans l'histoire que nous annonçons, l'image de cet homme antique et moderne, de cet homme à part, qui réunissait en lui seul les élémens divers de la nature des Alexandre, des Annibal, des César et des Auguste, avec quelque chose du génie gigantesque des Tamerlan et des Gengis, sans cesse combattu et tempéré par les lumières du siècle et la résistance de la civilisation européenne.

Le manuscrit, entièrement écrit de la main de l'auteur, et prêt pour l'impression, formera *Quatre volumes in-8°* d'environ 450 pages chacun. Les éditeurs auraient pu les faire paraître à la fois ; mais dans une vie comme celle de Napoléon, il est une foule de *scènes caractéristiques* qui méritent d'être retracées par le burin ; d'un autre côté, des *Cartes* et des *Plans* sont indispensables pour l'intelligence des grandes actions militaires qui ont mis tour à tour les puissances de l'Europe à la merci de leur vainqueur ; enfin, la reconnaissance publique demande ici *les Portraits* d'un certain nombre d'hommes que nous avons vus s'illustrer, dans diverses carrières, sous les ordres de Napoléon. Jaloux de remplir ces conditions indispensables, les éditeurs ont adopté le parti de publier l'ouvrage de M. de Norvins par *livraisons* qui paraîtront régulièrement tous les *Dix jours*. *Quatre livraisons* formeront *un volume* ; le prix de chacune d'elles, accompagnée des *Vignettes*, des *Cartes*, des *Plans* ou des *Portraits* qui lui appartiennent, sera de 2 fr. 50 c. pour les souscripteurs. Passé le 15 octobre, chaque livraison se paiera 3 fr.

L'ouvrage, confié aux presses de M. Pinard, ne

laissera rien à désirer sous le rapport de la perfection typographique ; il sera imprimé sur papier fin des Vosges satiné, en caractère cicero neuf, et fondu exprès.

En l'absence de l'auteur, M. Tissot a bien voulu se charger de donner des soins à cette édition.

La première livraison a paru le 15 septembre.

ON SOUSCRIT A PARIS:

CHEZ AMBROISE DUPONT ET Cie, LIBRAIRES,

ÉDITEURS DE L'HISTOIRE MILITAIRE DES FRANÇAIS PAR CAMPAGNES,

RUE VIVIENNE, N° 16.

Le même ouvrage, traduit en Castillan sous les yeux de l'auteur, paraîtra aussi par livraisons, ornées de portraits, vignettes et cartes au besoin.

Sous Presse.

MÉMOIRES

ET

MÉLANGES HISTORIQUES ET LITTERAIRES,

PAR

LE PRINCE DE LIGNE.

4 Vol. in-8°. Prix : 26 fr.

ORNÉS DE SON PORTRAIT ET D'UN FACSIMILÉ DE SON ÉCRITURE.

Le premier volume est en vente. Il en paraîtra un tous les mois.

L'HOMME DU MONDE,

Par M. Ancelot; 4 vol. in-12. Prix : 12 fr.

PARIS, IMPRIMERIE ET FONDERIE DE J. PINARD,
RUE D'ANJOU-DAUPHINE, N. 8